CÓMO ATRAER, SEDUCIR, CAUTIVAR E INFLUIR EN LOS DEMÁS

Colección "Las 7 llaves"

Sara Burillo

CÓMO ATRAER, SEDUCIR, CAUTIVAR E INFLUIR EN LOS DEMAS
Sara Burillo

Agradecimientos:

A mi padre, el mayor consejero sobre la perspicacia y el saber estar, un gran Maestro de la Vida. El me enseñó el mundo de los modales, los momentos oportunos en los que hablar y aquellos en los que callar.

A mi madre, la mejor instructora que podría haber tenido, quien me enseñó el camino hacia la humildad, cómo usar los tonos de voz o el potencial de una sonrisa.

A todas aquellas personas que directa o indirectamente me ofrecieron sus expertos consejos sobre cómo llamar la atención de otra persona y cómo hacer que alguien cambie de pensar hacia algo positivo, usando la fuerza de la convicción con suavidad y dulzura.

Dedico este libro a

....

*con el fin de que esta obra te ayude
en aquello que te propones,
para tener satisfacción
y sentir felicidad.*

PRÓLOGO

Una persona joven de espíritu, elegante, atractiva, persuasiva, inteligente, con amistades y dinero en cantidades. ¿Cómo consiguió Mr. Rich todo esto, comenzando desde la nada? ¿Recibió una suculenta herencia? No. Lo que hizo fue pensar bien... Y actuar mejor.

Hay dos maneras de hacerse rico, una de ellas es siendo un gurú, y la otra generando la riqueza mientras hacemos lo que realmente queremos hacer.

En esta colección de libros cortos encontrarás la forma de ir mejorando paso a paso aquellas facetas que son necesarias para conseguir completamente todo lo que te propongas. De esta forma no habrá pérdidas de tiempo en lecturas sin sentido, ni palabras usadas para rellenar hojas que no sirven para nada más que eso.

La riqueza se divide en varios campos. El bienestar personal puede observarse en la riqueza económica, pero más importante es hallar la plenitud personal para ser completamente feliz.

Para cumplir todo ello hace falta una buena autoestima y saber poner por obra una serie de conocimientos: cómo controlar el estrés diario, cómo no perder el tiempo, cómo no perder dinero sino ganarlo, y como saber atraer o cautivar a la gente, entre otras cosas. Y es ésta última de las facetas mencionadas en la que nos embarcaremos en este caso.

No es lo mismo tener conocimientos que ser sabio. Para conseguir ésto último es necesario poner por obra aquello que se aprende. Estos libros ayudan de forma clara y eficaz para poner por obra desde el primer día lo que en ellos se aprende, gracias a su sencillez y profundidad al mismo tiempo.

<<"En muchas ocasiones la lectura de un libro ha hecho la fortuna de un hombre, decidiendo el curso de su vida">>. —Ralph Waldo Emerson.

1

CONVIÉRTETE EN
UNA PERSONA ATRAYENTE

"Si quieres ganar un adepto para tu causa, convéncelo primero de que eres su amigo sincero".

Abraham Lincoln

Por norma general, solemos pensar que los verbos atraer y cautivar son lo mismo. No obstante, en la realidad no tienen nada que ver el uno con el otro en sentido estricto. Para el primero no hace falta esfuerzo alguno, simplemente lucir aquello en lo que hay un mínimo de belleza. Sin embargo, para poder cautivar sí hay que dar una serie de pasos con cautela, sabiendo bien qué hacer, cuándo y con quién.

Bien, para poder seducir, fascinar o encantar de una forma eficaz, debemos hacer uso de ambos. El primer paso es encontrar el tipo de belleza que nos diferencia de los demás, para así, sacarle el mayor beneficio. El segundo paso, será descubrir cómo cautivar a las personas mediante varias facetas, a saber: el lenguaje, el contacto físico, los movimientos propios, etc.

BELLEZA O ATRACTIVO

La belleza no engloba sólo tener unos bonitos rasgos faciales o un gran musculatura. Evidentemente, éstos pueden ayudar, pero no queda todo ahí. La atracción que pueden percibir las personas en general sean hombres o mujeres, está conformado por los cuatro ases de la baraja, y ninguno de ellos se queda atrás, todos tienen el mismo grado de fuerza. Veamos a continuación cuáles son:

1.- **Tipos de belleza**:

Inteligencia: la gente lleva poniendo prioridad a la seguridad desde el principio de la humanidad. También hay personas que se sienten seguras consigo mismas y no sienten la necesidad de tener a su lado a alguien que sepa mantenerlas en dicha seguridad o dar dicha sensación; pero aún así, debido a que nuestra evolución va a pasos cortos, todavía se demuestra en los análisis científicos que cualquier tipo de persona elige a otra (ya sea en ámbito personal o laboral) según su inteligencia si tiene opción a elegir. ¿Por qué sucede esto? Cualquier individuo se puede sentir seguro, bien usando fuerza o la inteligencia (usada desde hace siglos como opción de supervivencia buscando la mejor salida ante depredadores o peligros). Así pues, basándonos en el instinto que aún portamos todos los seres humanos, éste pilar puede sernos de gran ayuda en el momento de cautivar.

Edad física y mental: cuando queremos depositar nuestra confianza, la raza humana suele preferir hacerlo en alguien de mayor edad. Sin embargo, la edad no es sólo visible en el físico, sino también en la mentalidad. Es en ésta en la que nos fijamos realmente. Así pues, ¿cuánta edad mental reflejamos tener?, ¿mostramos inteligencia y sabiduría? Todos los pilares se mantienen sobre la misma base: la seguridad. Podríamos confundir este punto con el anterior. Aquí no estamos hablando de los conocimientos que albergamos en nuestra mente, sino de la forma de usarlos, no solo para nuestro bienestar, sino también para el de los demás. Para que la gente deposite su confianza en nosotros, necesita ver que tenemos una buena experiencia vital, que somos abiertos de mente ante cualquier conversación o dato, que ponemos por obra lo que aprendemos en vez de dejarlo aparcado en el cerebro cubriéndose de polvo, cual libro dejado a su suerte en una biblioteca en desuso. Por otro lado, los rasgos físicos son lo que entra por primera vez en la mente a través de los ojos; pero, aunque este pilar abra las puertas a priori, n quiere decir que se cierren por no tener un "cuerpo diez". Como má adelante veremos, a veces, causa más efecto una postura especial, una mirada o el grado de seriedad, que los rasgos faciales, o incluso los del cuerpo.

Capacidad física: suele llamar mucho la atención la capacidad de soportar mediante el esfuerzo mucho peso o tensión. Esto es muy fácil verlo en el   deporte. En los tiempos ancestrales, aquéllos hombres que eran más capaces en aguante podían recorrer grandes extensiones en búsqueda de alimento; y aquéllos que no llegaban a superarlo, sólo podían llevar la desgracia al hogar con la falta de su presencia al morir de agotamiento, provocando la falta de subsistencia en su propia familia. Así pues, la búsqueda de segurida ante depredadores por parte de las mujeres en aquellos tiempos, se respaldaba en un hombre capaz en el esfuerzo y la resistencia. Hoy en día, las mujeres son igualmente capaces para adquirir lo necesari para sus hogares y por tanto, gracias a la igualdad que poco a poco se abre paso, es necesariamente e igual de importante que independientemente del género, ambos se encuentren con la debida fuerza y aguante en cualquier situación, ya sea física o mental.

Poder adquisitivo y social: aunque este sea el que menos se considere belleza a priori, genera atracción con la misma fuerza que los anteriores. Cuando hablamos de la belleza social, nos referimos ser queridos entre la sociedad, siendo reconocidos por cualquier temática. Recordemos que nuestra belleza en este aspecto está basada en la seguridad que podamos llegar a ofrecer a los demás, y por ello la gente tiende a comprar más aquellos productos anunciados por gente "de prestigio"; por ejemplo, por su autoridad en medicina, deportes, etc. Esto llega al fondo dela sugestión de su necesidades, sintiendo confianza por aquellos que son los mejores e lo suyo. Así pues, el hecho de ser alguien conocido o con renombre puede crear la sensación de que en el futuro no faltarán opciones o posibilidades de conseguir beneficios o dinero (seguridad). Por otro lado, si hay un buen poder adquisitivo, éste genera relajación menta al sentir que no hará falta en el futuro nada, pues hay una buena despensa ya provista de todo lo necesario, aunque dicha persona no vaya a sacar a nadie de un apuro con sus fondos monetarios.

2.- **Hallar el correspondiente**: siempre hay uno de ellos en el que somos mejor. Ése es en el que hemos de centrar casi toda nuestra atención para que solape al resto con grandes diferencias. Aún así, también ejercitaremos el resto, pues cuanto más los mejoremos todos, más probabilidad hay de conseguir lo que deseamos. Para poder dar este paso, nada mejor que hacer las preguntas correctas. Contesta tranquilamente a las siguientes preguntas.

→ En una escala de cero a cinco, ¿cuán inteligente te consideras?

→ Haz una descripción detallada de todos aquellos aspectos mentales de los que puedes enorgullecerte y aquéllos de los que no.

→ ¿Cómo crees que podrías ensalzar tus mejores capacidades mentales?

→ ¿Cómo consideras que podrías superar aquellas capacidades mentales que no están a la altura de lo que te gustaría?

→ En una escala de cero a cinco, ¿cuán atractivo (físicamente hablando) te consideras?

→ Haz una descripción detallada de todos aquellos aspectos físicos de los que puedes enorgullecerte y aquéllos de los que no.

→ ¿Cómo crees que podrías mejorar más aún tus rasgos corporales?

→ ¿Cómo consideras que podrías conseguir el cuerpo que deseas tener?

→ En una escala de cero a cinco, ¿cuánto potencial físico consideras tener?

→ Haz una descripción detallada de tus capacidades físicas de rendimiento en deporte de las que puedas enorgullecerte y aquéllas de los que no.

→ ¿Cómo crees que podrías mejorar aquellas capacidades en las que eres bueno?

→ ¿Cómo consideras que podrías superarte en aquellas capacidades físicas, de las que te gustaría poder sentirte orgulloso en el caso de tenerlas?

→ En una escala de cero a cinco, ¿cuánto potencial socio-económico consideras tener?

→ Haz una descripción detallada de tu nivel adquisitivo-social. ¿Hasta qué grado eres conocido o tienes acceso a lujos o una vida sin preocupaciones monetarias? Recuerda que no estamos hablando de si te sientes bien al tener o no tener dinero, sino del hecho físico de tener bienes y riqueza, aquéllo visible al ojo humano. Sin duda alguna, ya sabemos todos que no hacen falta las riquezas materiales para ser feliz. Aquí sólo estamos puntuando uno de los cuatro pilare existentes que por motivos evolutivos siguen estando en el inconsciente para la búsqueda de pareja. ¿Tienes alguna titulación académica de prestigio o eres conocido en algún ámbito en especial?

→ ¿Cómo crees que podrías aumentar tus ganancias o bienes?, ¿cómo podrías llegar a ser más conocido entre las multitudes?

→ ¿Cómo consideras que podrías mejorar tus capacidades para conseguir bienes y llegar a la altura de lo que te gustaría?

Ahora es el momento de concentrarte y pensar en qué pasos hay que dar para conseguir todo aquello en lo que has recapacitado con las anteriores preguntas. Piensa ahora:

a) ¿Cómo puedes mejorar a corto plazo cada uno de los cuatro pilares de la atracción?

b)¿Cómo puedes ir ensalzando cada uno de los cuatro pilares de la belleza a largo plazo?

2

ATENDER PARA SER ATENDIDO

"Hay que atender no sólo a lo que cada cual dice, sino a lo que siente y al motivo porque lo siente".
Marco Tulio Cicerón.

Vamos a ver cuán importante es que los demás vengan hacia ti, conseguir que todos te presten atención y cómo conseguirlo. Es obvio que si queremos que nos atiendan, hemos de atender nosotros primero. Se suele recibir exactamente lo que se da. Para empezar, la persona que debe sacar las conclusiones ahora eres tú, por lo que puedes responder a las preguntas siguientes para ver qué es lo que quieres sacar de ello:

- ¿En qué aspectos te ayudaría el hecho de que todas las personas te atendieran y te hicieran caso cuando hablas, escuchándote al máximo?

- ¿Qué beneficios podrías sacar personalmente al conseguir que las personas se sientan atraídas por ti?

- ¿Qué beneficios podrías sacar profesionalmente si fueras atrayente para los demás?

- ¿Para qué usarías un gran carisma si lo consiguieras?

- ¿Qué cosas han conseguido gracias a su carisma las personas que conoces que lo usan?

- ¿Que rasgos crees que tiene una persona atrayente?

- ¿Cómo actúa una persona atrayente?

- ¿Por qué quieres influir en las personas?

- ¿Qué beneficios sacarían ellas si se sintieran atraídas por ti?

La diferencia entre que nos atiendan y que no lo hagan es fundamental para los resultados a obtener. Si nadie nos escuchara, jamás podrían saber qué ofertamos (ya sea nuestra amistad, un producto, etc.). Por otro lado, si sólo damos la descripción de un producto o incluso de nosotros mismos sin profundizar ni mostrar en qué repercutirá positivamente en los demás, estaremos gastando nuestro tiempo y el de la otra persona. Si queremos que algo (cualquier cosa) nos funcione, la valoración de este tema es el más básico de todos pues sin esta acción, nada tiene sentido ni fin oportunista.

Vamos a exponer los cuatro puntos a los que más importancia se da en psicología social sobre la atracción. Los cuatro pilares son la semejanza, la reciprocidad, la familiaridad y el atractivo físico.

Semejanza

Normalmente las personas que suelen coincidir en actitudes o valores terminan forjando amistad. Este es el famoso principio de semejanza, según el cual nos sentimos atraídos por aquéllos que se parecen a nosotros. Esto sucede porque al notar en la otra persona gustos afines, sentimos equilibrio y no contrariedad. Ese equilibrio nos aporta armonía y positividad.

La atracción se basa más en las semejanzas en cuanto actitudes que en rasgos de personalidad.

Un dato realmente importante a tener en cuenta, es la división que existe entre la semejanza real y la percibida (la que se cree que hay, aunque no sea así).

Los grandes Montoya, Horton y Kirchner llevaron a cabo un meta-análisis a partir de nada menos que trescientos trece estudios. Quisieron ver si la semejanza real causaba los mismos efectos que la semejanza percibida. Curiosamente, los resultados fueron que al principio de una relación, la semejanza real dependía de la cantidad de interacción y que ésta iba disminuyendo a medida que ese tiempo interactivo iba en aumento. Sin embargo, para la semejanza percibida, daba igual la cantidad de interacción (que pasaran mucho o poco tiempo juntas estas personas).

¿Qué conclusión podemos sacar de este análisis? Que nosotros no vamos a usar la semejanza real, sino la percibida. No tenemos que preocuparnos de si nuestros rasgos de personalidad gustarán o no, sino que trabajaremos aquéllos puntos que agradan a los demás, para que nos perciban de la mejor forma posible. De esta manera, no nos preocuparemos por cómo caeremos a las personas que recién nos van a conocer. Más adelante, veremos los puntos a seguir para mostrarnos como semejantes a cualquier persona que nos interese.

Reciprocidad

Si nos llega la información de que gustamos a otra persona, ésta por norma general comenzará a caernos bien. La atracción genera atracción. Se genera positividad al sentirnos atractivos para alguien. Tanto es así, que inconscientemente prestaremos más atención a dicha persona. Bien, pues este punto también lo podemos usar a nuestro favor. Si nosotros damos a entender a alguien que nos gusta cómo es, ésa persona comenzará a tenernos más presentes y de forma positiva. Pero aquí nos encontramos con la doble cara de la moneda. Las personas sólo se sienten atraídas, si al saber que son atractivas para alguien, lo hacen de un modo especial. Con esto queremos decir, que si dicha persona se entera de que para nosotros, todos son especiales o una gran suma de personas, esa forma egocéntrica de sentirse bien al ser atrayente se disipa. Por lo tanto, no nos mostraremos como personas a las que nos gusta toda la gente de forma indiscriminada.

Entre el principio de semejanza y el de reciprocidad, es éste último el que se lleva el premio. Se ha demostrado con numerosos estudios, que las personas nos sentimos más atraídas por aquéllas a quienes gustamos, que cuando compartimos las mismas actitudes.

Familiaridad

Es algo sabido por todos, que siempre nos sentiremos más inclinados a ayudar a algún vecino al cual vemos de vez en cuando pasar por la calle colindante al lugar donde vivimos, que a una persona a la que no hemos visto jamás. Este es el llamado principio de familiaridad. Los efectos de la familiaridad no se perciben sólo viviendo cerca de las demás personas, sino apareciendo frente a ellas con asiduidad de cualquier forma. El efecto es parecido incluso haciendo uso de fotografías o vídeos. Cuantas más veces vea alguien nuestra fotografía o nos vea comunicarnos mediante audiovisuales, más familiares seremos para ellos. Aquí entra en juego el "efecto de mera exposición". Sucede incluso sin que la persona se de cuenta de ello. Este efecto se explica de la siguiente manera: a medida que una persona es expuesta ante determinado estímulo (ya sea la persona física directamente, una fotografía o un vídeo, como antes hemos mencionado), más atracción sentirá hacia la persona que en éstos se muestre, al serle cada vez más familiar. También aumenta la percepción de semejanza. Igualmente, tenemos que destacar que en el caso de que la persona encuentre dicho estímulo como desagradable, sucederá el caso contrario; cada vez le resultará más negativo, por lo cual, empeorará la visión que se tenga de nosotros. Para que esto no ocurra, tendremos que tener muy en cuenta las premisas que se expondrán en las siguientes páginas sobre cómo ser alguien cautivador a la vez que atrayente.

Atractivo físico

Muy a pesar de la frase que dice: "Lo que importa está en el interior", aunque sea cierto, estamos inconscientemente acostumbrados a juzgar de forma más positiva a las personas atractivas. De hecho, todas las empresas cosméticas venden sus productos sabiendo y usando a su favor ésta información. Nuestro aspecto es realmente importante, pues crea la posibilidad de mayor aceptación social.

Con esto no estamos diciendo que haga falta ser miss o míster universo para poder vender más o caer mejor, ni mucho menos. Simplemente, debemos tener en cuenta este factor para mostrar nuestro mejor perfil.

¿Cómo podemos conseguir un mayor atractivo físico? Citaremos los pasos:

1.- Limpieza. Es algo que se da por hecho, pero siempre hay que tenerlo en cuenta. La ropa bien planchada, el pelo acorde a aquello que ofrecemos o a la imagen que queremos mostrar. Por ejemplo, no es lo mismo ofrecer guías turísticas en África, en cuyo caso no importaría mostrarse con barba y con ropa deportiva, que si se trata de ofrecer información para inversión en bolsa, en cuyo caso, cualquiera que nos viera en chándal se cuestionaría si acaso no es una broma de la persona que postula la conversación o el vídeo de promoción, etc. Por lo tanto, hemos de mostrarnos siempre acorde a aquéllo que vendemos (incluyendo si queremos ofrecer nuestra imagen como buenos amigos o incluso como posible pareja para alguien), recordemos que nos estamos vendiendo principalmente a nosotros mismos, para que después quieran las personas acceder a la información que sale de nuestra mente o los productos que hemos ideado, así como nuestro propio perfil personal a compartir con los demás. Para acceder a lo que damos, antes se interesarán en quiénes y cómo somos.

2.- Postura: la cabeza debe mantenerse erguida, los hombros hacia atrás sin dejarlos caer, pero no forzando la postura. La mirada debe mantenerse siempre adelante, no hay que tener miedo a que las personas noten que las observamos. Siempre es mejor una mirada profunda y directa que un reojo momentáneo.

Es imprescindible que el cuerpo se mantenga recto, por lo que hay que evitar cualquier tipo de encorvadura. Al caminar, es necesario que no haya grandes movimientos más allá de lo natural. Los pasos deben ser elegantes; nunca enormes, ni arrastrando los pies. Un caminar de paso ligero es el mejor; dejemos de lado la lentitud y los maratones. De la misma forma, hay una serie de aspectos a tener en cuenta cuando se coge asiento. El sentarse sobre el respaldo de una silla de forma correcta y manteniendo la columna recta sin mostrarnos rígidos ni desgarbados es signo de compostura, gracilidad y elegancia. Igualmente, si es necesario cruzar las piernas, hemos de evitar hacerlo a la altura de las rodillas en el caso de las mujeres, y evitar el cruce por completo en los hombres. Es importante evitar de forma prioritaria el separar las piernas excesivamente.

2.- <u>Sonrisa</u>. Dicen que los ojos son la expresión del alma, pero muchas veces nos olvidamos de nuestra mejor baza, la sonrisa. Es capaz de cambiar a la otra persona, modificando sus pensamientos, e incluso sus mismísimos sentimientos. Si ofrecemos la mejor de nuestras sonrisas, natural y sincera, tanto la gente como nuestro propio cuerpo nos lo agradecerán.

¿Por qué nuestra sonrisa puede cambiar a las personas que nos ven? Debido a las famosas "Neuronas Espejo". Éstas neuronas, que se encuentran en el llamado área de Broca y en la corteza parietal de nuestro cerebro, son activadas cuando se observa a otra persona, y son capaces de conseguir las acciones necesarias para poner las mismas facciones faciales, como si de un espejo se tratara.

El sistema emocional funciona de dos maneras. Si sentimos o pensamos en algo, nuestro cuerpo se modifica ante ello y se pone en acción. Por ejemplo, si sentimos miedo, el cuerpo se encrespa; y si sentimos felicidad por algo, la sonrisa se eleva y nuestra cara se relaja. Igualmente sucede de la forma contraria. Si nos sentimos mal pero forzamos nuestra propia sonrisa, conseguiremos que nuestra mente se relaje y los malos pensamientos y/o sentimientos irán modificándose. Así pues, tanto si las personas para las que queremos ser atrayentes se encuentran de buen humor, como si están malhumoradas, si aprendemos a mostrar empatía y nuestra sonrisa sincera, podemos cambiar al completo el estado emocional en el que se encuentra la otra persona.

¿Cómo conseguir tener una bonita sonrisa cuando me vaya a acerca a una mujer si estoy nervioso?- puedes preguntarte. Sólo tienes que recordar algún momento gracioso en tu vida. Los recuerdos que má nos hacen sonreír de forma abierta y sin reparo son aquellos que tienen que ver con alguna caída o resbale, no falla. Si crees que no vas a ser capaz de sonreír, un buen ejercicio para conseguirlo con rapidez es forzar la sonrisa al máximo posible frente al espejo de casa unas cuatro o cinco veces al día. No tengas miedo en observarte, se trata de que te conozcas mejor a ti mismo. Mírate de un lado y de otro, observa la mirada, la sonrisa, la postura, etc. Ésta es la mejor manera de observar tus puntos fuertes con respecto a la presencia, y sacarles el máximo provecho en el momento oportuno.

3.- Vestimenta: en este tema hay mil y un consejos diversos, no obstante, nos centraremos en los más generales e importantes. Ya hemos comentado anteriormente, que un buen planchado siempre e imprescindible. Por otro lado, los colores que siempre quedan bien son los neutros, el negro, y el blanco. Los colores llamativos pueder quedar muy bien si se saben combinar. Lo más acertado es unir un color llamativo a tonos neutros. Es mejor dejar de lado el usar a la vez cuadros y rallas, o alguno de estos motivos geométricos con otros diferentes. En resumen, hay que estar al tanto de saber combinar bien dibujos y diseños textiles. Si tenemos dudas sobre cómo hacerlo, siempre se puede contratar por un día a alguien que nos lo explique con claridad o incluso informarnos por nuestra cuenta en la inmensa biblioteca de internet. Hay un sinfín de información sobre ello en libros y en la red. Lo más importante en conjunto con la vestimenta es la elegancia, y esto se consigue aprendiendo a elegir bien.

3.- <u>Quererse a uno mismo</u>. Hay personas que no son realmente bellas, pero por norma general, el atractivo causa más efecto que la propia belleza en sí. Este se consigue cuando se tiene confianza en uno mismo. Quizá no seamos la actriz o el actor del mes, pero tenemos facciones bellas y podemos sacarle el mejor partido. Junto a esto, usando la confianza en nosotros mismos, sin dejarnos llevar por lo que pensamos sobre nuestros defectos, conseguiremos que los demás nos vean tal y como queremos.

4.- <u>Ejercicio</u>. ¿Es preferible estar junto a personas felices o junto a las que no lo son? Moverse es un acto esencial para la felicidad propia. El ejercicio físico genera endorfinas, llamadas la "droga de la felicidad".

5.- Felicidad. El ejercicio no es la única forma de conseguir endorfinas que aumenten nuestra felicidad. También las conseguimos riendo, recordando momentos felices del pasado, imaginando situaciones agradables, escuchando música positiva, observando y disfrutando de la naturaleza, descansando de forma relajada y dejando las preocupaciones completamente de lado para otro momento, tomando café o chocolate (sin excederse), etc.

Hasta ahora estamos usando la palabra "atrayente"; sin embargo, hay una palabra que envuelve doblemente esta sensación hacia los demás: cautivar. Las personas que saben cautivar son atrayentes, y a parte, muestran un rasgo más importante aún: no provocan envidia. Es imprescindible este segundo factor, pues es la forma de llegar a más personas sin que estas se sientan inferiores o se genere en ellas celo alguno.

Cuando una persona quiere cautivar a otra, lo primero que hay que hacer es dejar de lado el pensar en las posibilidades de conseguir sacarle dinero u otra cosa de valor superficial, se trata de buscar su felicidad. Cautivar es provocar un cambio sin esfuerzo alguno, de forma que las situaciones y las relaciones cambien a mejor. Para ello hay que usar la mente y pensar cómo nos gustaría a nosotros que fuera la situación. Por ejemplo, no es lo mismo discutir en la calle sobre un tema que hablar tranquilamente y buscar soluciones ofreciendo nuestra máxima hospitalidad en casa. Se trata de hechizar a las personas con nuestros buenos actos hacia ellos, haciéndolo con gusto y ganas, no de forma obligada. Ha de fluir nuestra actitud, para que el cautivar surja efecto. Cuanto más grande sea tu proyecto, más necesitarás cautivar.

El paso principal es reconocer que no todos los individuos piensan igual, por lo que hay que intentar sacar conclusiones sobre aquello en lo qué piensa la otra persona, qué cree y qué siente al respecto. Debes tener también en cuenta, que siempre se preguntarán qué quieres sacar tú de ellos, cuáles son tus reales intenciones, para luego meditar en si a ellos les merece la pena y qué cosas deberían cambiar para acceder a lo que tú quieres proponerles.

Por otro lado, dependiendo de cada persona y de la grandiosidad del proyecto (buscar una cantidad de dinero para poner por obra un plan, una amistad, flirteo, etc.), así como los cambios que requiere por parte de cualquiera, se necesita más o menos cantidad de tiempo en el trayecto de cautivar. Hay personas que son más receptivas que otras.

Está comprobado que son los cinco primeros minutos los que conforman el período crítico con respecto a las impresiones que se formarán en la mente de otra persona al vernos o tratar con nosotros. Y si hablamos de un vídeo, contamos tan sólo con los veinte primeros segundos para que las personas sigan atendiendo a éste o no.

Teniendo todo esto en cuenta, vamos a analizar los pasos necesarios para comenzar a trabajarlos poco a poco y realizarnos como los mejores cautivadores posibles, para así conseguir influir en las personas de forma positiva y ganárnoslas. Los consejos a seguir que se dan en este libro se deben practicar a diario para sacarles el máximo beneficio. Sólo el conocimiento que se practica es el que sigue vivo en nuestras mentes para sacarle el provecho. Veremos la diferencia entre ser una persona atrayente y cautivadora.

3

DIFERENCIAS ENTRE
ATRAER Y CAUTIVAR

"Cuando cautivas a la gente, tu objetivo no es sacarles dinero o hacerles hacer lo que tú quieres, sino llenarlos de una gran satisfacción."

Guy Kawasaki

¿Qué tiene toda persona atrayente?

Las personas atrayentes reflejan dicha admiración a causa de cuatro puntos principales, todos ellos basados en el exterior o imagen que proyectan hacia afuera, a los demás. Estos son:

<u>Gestos faciales y corporales</u>. Una sonrisa puede amansar a una fiera, modifica la presión muscular del rostro de toda persona que la ve. Siempre que vayamos a hablar con alguien, debemos pensar en si llevamos el mejor de los secretos en nuestros labios. El acto de sonreír nos abrirá puertas que ni siquiera sabíamos que existían.

<u>Apariencia</u>. La primera impresión como ya hemos comentado, es la que cuenta de verdad. Es la que se queda firmemente en el recuerdo, y nosotros queremos que se nos recuerde bien. Hay que fijarse en cómo vamos vestidos, si lo hacemos acorde al acto o lugar, afeitado, maquillaje, pulcritud, la postura, forma de caminar, el tono de nuestra voz, la mirada, la cortesía y educación, etc. La apariencia habla por nosotros sin siquiera darnos cuenta, dice de dónde provenimos, qué deseamos, cómo nos desenvolvemos y un sinfín de cosas más.

<u>Forma de hablar</u>. Aquí estamos hablando del vocabulario que usamos, pues siempre ha de ser acorde al lugar y al ámbito social en el que se mueven las personas con las que

compartimos ese momento en concreto. Las subidas de tono o bajadas tienen que estar siempre en mente antes de generarlas, visualizando mentalmente cómo repercutirá en los demás, si llamará nuestra atención de forma positiva o si será al contrario. Sin duda alguna, las palabras soeces cuanto más alejadas estén de nosotros, tanto mejor. Hay que tener muy claro antes de pronunciarlas, si nos van a servir para algo en concreto.

Saludo (apretón de manos, besos, etc.). Dependiendo de dónde vivamos o el lugar donde nos encontremos, es de vital importancia saber las costumbres para acoplarnos a ellas. Independientemente de ello, debemos mostrar seguridad en todo momento sin sublevación. Un buen apretón de manos sin mostrar debilidad pero sin pasarnos de fuerza, indica que sabemos lo que queremos, y por tanto, solamente este acto ya forma en la otra persona la sensación de seguridad y confianza desde el principio.

Se debe buscar una unión y coherencia entre los cuatro puntos para dar un aspecto, una visión correcta y agradable ante los demás, y por supuesto, ante nosotros mismos, creándonos la sensación de seguridad necesaria para seguir adelante.

¿Qué tiene toda persona cautivadora?

Los aspectos de una persona cautivadora son muchos más que los de una persona atrayente:

→ No se muestra superior a los demás, sino que crea accesibilidad para todos.

→ Utiliza siempre palabras sencillas esté donde esté, trate el tema que trate.

→ Intenta aprender siempre algo nuevo de cada persona; de esta manera saca nueva información para conseguir todos los propósitos.

→ Presta atención a todos, tengan la edad que tengan, sean de donde sean y hagan lo que hagan.

→ No impone lo que cree, sino que lo comparte con los demás para aprender de la opinión de ellos.

→ Habla de sus proyectos apasionadamente mostrando con su

voz, su sonrisa, su vocablo y sus gestos qué es lo que realmente le apasiona, sin obligar a nadie a que lo acepte, simplemente compartiendo su gozo con los demás. Solamente por el hecho de que muestres así tu pasión, se produce un halo a tu alrededor llamado encanto. Al dar a entender a los demás tus deseos de que algo siga su proceso hacia arriba con tanto ímpetu, se forma en los demás un interés especial sin que se den cuenta.

→ Busca las cosas que tiene en común con otras personas.

→ Tiene sensibilidad emocional. Es capaz de estar escuchando el tiempo necesario y observarlo todo para llegar a buenas conclusiones sobre cómo se siente la otra persona; esto se llama "leer las emociones". De esta manera, se puede saber cuál es la mejor forma de responder ante la situación del momento.

→ Tiene una magnífica expresividad emocional. Toda persona conoce a alguien que es capaz de iluminar una habitación en el mismo momento en que entra. Este tipo de personas sabe expresar la alegría y cualquier otra emoción, consiguiendo impactar a los demás.

→ Se encuentra siempre con predisposición al "sí", porque sabe que las palabras positivas abren puertas y ventanas, así como consiguen calmar las nefastas situaciones.

→ Está dispuesta a confiar en los demás (una de las pocas maneras de llegar al interior de otro ser, es confiar en él hasta que demuestre que no se puede, e incluso en ese momento se debe dar otra oportunidad, porque el ser humano conlleva de por sí errores y aprendizaje de los mismos).

→ Es responsable y responde siempre, ya sea ante algo positivo como ante algo negativo. Siempre está ahí para lo que sea necesario. La libertad va ligada a este punto, pues es la responsabilidad la que muestra que una persona es completamente libre, haciendo elecciones y respondiendo ante sus consecuencias.

→ Siempre es honesta aunque le pese; de hecho, la responsabilidad conlleva principalmente honestidad.

→ Siempre cumple sus promesas, ya sean pequeñas o grandes, sea cual sea el esfuerzo que necesiten para llevarse a cabo.

→ No busca culpables, sino que cuestiona qué se puede aprender del error.

→ No da consejos si no ha vivido la misma experiencia, sólo da su punto de vista según lo que considera que haría en su lugar teóricamente.

→ No desprecia a nadie y mucho menos sus ideas, pues sabiamente sabe que por absurdas que parezcan, pueden servir.

→ Comparte su sabiduría con los demás, no es justo que la gente no sepa de su existencia simplemente por querer tener sus maravillosas ideas entre las rejas de su mente, sin que apenas vean la luz.

→ No culpa si no está seguro de algo, sino que deja la duda hasta que se clarifica todo.

→ Antes de interrumpir cualquier acto o conversación, se cuestiona si serviría para bien o hay dudas de ello.

→ Tiene un magnífico control emocional, controlando su estado mental y físico ante sí mismo y los demás.

→ Presenta un buen comportamiento social acomodándose a cualquier ambiente, sabiendo proceder o actuar según las circunstancias lo solicitan.

→ Sabe expresarse socialmente utilizando un vocabulario ameno e incluso divertido, haciendo que las personas sepan mantenerse a su lado, sintiéndose a gusto.

→ Es buena comunicadora, pues hace partícipes a los demás de sus pensamientos y sentimientos consiguiendo que los demás empaticen con éstos. Escucha atentamente hasta el final y reflexiona en todo ello para sacar conclusiones efectivas.

→ No se conforma, da todos los pasos necesarios para llegar donde desea, porque sabe que la acción es la que lleva al cambio.

→ Intenta inspirar a los demás con sus ideas para que éstos puedan dar pasos hacia sus metas.

→ Es alta de miras, visiona los proyectos y logra ver el alcance de éstos, haciendo que los demás también puedan verlos.

→ Corre riesgos e incluso se llega a sacrificar por ellos, porque entiende que si no lo hace, los demás no creerán a ciencia cierta que se puede lograr. De esta manera, tendrán el mejor de los ejemplos ante sí. Si necesita ayuda la pide, y si comete un fallo se responsabiliza.

→ Tiene creatividad y la usa. Estudia y descubre nuevos métodos para alcanzar lo que quiere conseguir. Intenta dar los pasos de formas alternativas a como lo hacen los demás para diferenciarse.

→ No critica a nadie por muchas ganas que tenga. Si acaso lo hace, es en su mente, de tal manera que nadie pueda escuchar. Sólo reconoce sus propios errores ante los demás, pues cada uno debe hacerlo por sí mismo.

→ Al hablar, lo hace con la palabra "nosotros", no "yo". Deja el egocentrismo de lado y usa el pronombre en plural para conseguir que los demás se sientan importantes e involucrados.

Sabe que aunque la gente viva en sociedad, necesita sentirse parte efectiva de un grupo y de esa forma se siente querida. Es una forma óptima de llegar a ellos.

John T. Marcus nos dio a entender hace ya medio siglo, que una persona carismática no es aquella que se eleva a si misma por encima del resto, sino que más bien, hace a los demás grandes sacando sus aptitudes. Se trata de inspirar a las personas de alrededor con un solo objetivo: sacar lo más maravilloso de cada uno de ellos.

Llegar a las mentes y quedarnos en sus corazones

Para poder hacer ésto, hemos de estar muy al tanto de los sentimientos y pensamientos de los demás, y analizar cómo podemos compenetrar lo que nosotros ofrecemos con lo que ellos sienten. Una vez hayan prestado atención a nuestro mensaje, sólo tenemos que llegar a sus corazones para quedarnos el máximo tiempo posible. ¿Cómo conseguirlo?

La unión de los actos atraer y cautivar y cómo conseguirlo

Es interesante fijarse en que no se deben usar estos términos antes citados de forma separada con exageración, pues esto conllevaría el efecto contrario al deseado. Todo tiene un nivel adecuado o equilibrio. La persona que de verdad logra influir en los demás, mostrando un carisma de nivel extraordinario, es aquella que une los rasgos de una persona atrayente con los de una persona cautivadora.

Ahora vamos a ver cómo podemos conseguir esto en nuestro caso:

1.- <u>Prepárate al máximo</u>. Las personas cautivadoras saben hablar de una cantidad impresionante de temas, porque escuchan al máximo y sacan muy buena información de todo. Si sabes que se hablará de varios temas en una reunión, ya sea social o empresarial, prepara al máximo todas ellas. No puedes ser un experto en todo, pero sí saber un poco de cada cosa y así saber o entender de qué hablan los demás. Hay que estar dispuesto a descubrir nuevas cosas para poder responder a preguntas relacionadas, que posiblemente se hagan en la conversación. De esta manera, mostrarás seguridad al transmitirla con tus conocimientos y los demás se darán cuenta de ello.

2.- Confianza: si no nos gustamos a nosotros mismos, ¿cómo vamos a gustarle a los demás? Observa todo aquello en lo que eres realmente bueno, escríbelo en una hoja. Fíjate en todo el potencial que tienes. Los pasos los tienes ahí, sólo tienes que caminar por la senda para llegar a ser quien quieres ser; y en el caso de que ya lo seas, reforzar lo que más te gusta de ti mismo. A medida que vayas trabajando el libro de esta colección focalizado en la autoestima, irás creciendo en aptitudes y actitud. No se trata de ser narcisista, pero sí de entender toda la valía que tienes y no taparla, sino mostrarla a los demás. Recuerda que aquí la persona importante eres tú, y nadie más. Tú, tú, y otra vez tú. El resto de personas ya viven para sus vidas, así que a ti te toca vivir la tuya, y de la mejor manera posible. Hay una cantidad impresionante de aptitudes que tú tienes y los demás no. Así pues, saca a relucir un poco de ti mismo, y brilla con todo aquello que te hace diferente. No tengas miedo a fallar, pues los mejores son aquellos que han fallado un sinfín de veces. Ten en cuenta que son los fallos los que llevan al triunfo. El que tiene miedo a fallar, no puede llegar al éxito, pues la mayor de las barreras es uno mismo.

3.- Seguridad. Como ya hemos mencionado varias veces, la seguridad genera confianza por parte de los demás hacia ti. No dudes de ti mismo, sabes que en esta vida no se puede tener todo a la vez; así que, juega con lo que tienes (sin anteponer tus creencias o aprendizajes a los demás), y admite con humildad aquello que de momento no has conseguido, incluyendo aquí los conocimientos o la sabiduría. Si confías en ti mismo los demás también lo harán; de lo contrario, casi ni te prestarán atención porque lo verán como una pérdida de tiempo.

4.- Serenidad: la expresión del rostro ha de ser serena y adaptable a las circunstancias del momento. Aunque en un principio pueda parecer que la gente dirije su atención a las personas que se expresan con grandes movimientos o voz alta, quienes llaman verdaderamente la atención son aquellas serenas y tranquilas, que hablan en el momento preciso y no pierden la compostura.

5 - Sé una persona entusiasta. Si tienes seguridad y estás preparado, sólo te falta mostrarlo con entusiasmo para que los demás te atiendan y escuchen. De esta manera, disfrutarás más y contagiarás tu pasión a los demás sin darte cuenta. No tengas

miedo de mostrar tus gustos y preferencias. Las personas que saben lo que quieren y hacia adónde dirigirse son los que más miradas cautivan y los que generan más seguidores allá adonde vayan. Muestra entusiasmo en tu día a día, pues forma parte de la misma seguridad y confianza en uno mismo.

6.- Escucha, escucha y sigue escuchando hasta el final. Las personas que más aprenden y triunfan, son aquellas que escuchan hasta el final todo lo que tiene que decir la persona con la que conversan. Esto te puede dar nuevos puntos de vista. Por otro lado, aquel que se siente verdaderamente escuchado, visualiza a la otra persona como alguien de valor a quien prestar de verdad atención cuando se cambian los roles en la conversación.

7.- Controla tus gestos y tus tonos de voz. Para que los demás te presten la adecuada atención sin agobiarse ni pensar mal de ti, es necesario que te expreses de una manera amena y sin arrogancia; y por otro lado, que sepas controlar las manos y el cuerpo sin moverlos de forma efusiva, para así no asustar al receptor del mensaje. También tenemos que tener en cuenta la postura, forma de sentarnos, etc. Y para terminar, este punto es radicalmente imprescindible: mirar a los ojos mientras se escucha o habla.

Velocidad: nunca aceleres lo que dices. A menos que se trate de un juego sobre rapidez, es preferible hablar de forma calmada y pausada. A las personas les crea tranquilidad, e incluso se sienten atraídas por tonos graves que van unidos a un lenguaje cálido y tranquilo.

Tono: tal y como acabamos de mencionar, el tono preferido por la gente por ser tranquilizador es el grave, sin alteraciones. Los cambios de tono son interpretados como dos tipos de suceso, uno de ellos es el temor, y otro la mentira. Así pues, como no queremos que piensen que tememos a nada y mucho menos que mentimos en lo que decimos, debemos fijarnos en el tono e intentar mantenerlo sin altibajos siempre que conversemos con alguien. Si éstos se encuentran habitualmente en nuestra forma de hablar, al trabajar en ello diariamente, se irán disipando.

Palabras: según lo que queramos conseguir, usaremos un tipo u otro de palabras, recordando que lo mejor es ser diferentes pero sencillos a la vez. Queremos que se nos recuerde de una forma especial, pero no como los raritos o graciosillos del lugar. De hecho, es mejor no hablar y que se queden con la esencia, a abrir la boca y perjudicar el resto del momento.

Es básica la importancia de saber qué decir, cómo hacerlo y cuándo.

8.- Sé auténtico. Que los demás te vean tal y como eres, no te muestres de una forma diferente porque en el momento menos pensado saldrá a relucir tu verdadera personalidad de tal manera que los demás te vean como un farsante. Para no dejar posibilidad a que esto suceda, sé siempre tú mismo (esto no se contradice con el ejercicio de mejorar nuestra apariencia ante los demás, como hablábamos en el capítulo 2). El hecho de adoptar habilidades o mejorar aptitudes es sólo cuestión de superarse a uno mismo y progresar, no significa esto ser otra persona diferente o aparentar. Ser carismático es ser uno mismo con las aptitudes correspondientes, practicadas al máximo posible para sacarles rendimiento y utilidad.

9.- No hables mal de nadie. Si alguien es malvado, o demasiado bueno y va a estrellarse por no hacer las cosas de diferente modo, este efecto recae sobre dichas personas. No es nuestro trabajo recordárselo. Aprenderán por sí mismos con las consecuencias. Podemos hablar sobre las cosas buenas que tienen las personas y olvidarnos de lo malo. Siempre que decimos algo negativo, esto se puede volver en nuestra contra; así pues, hablemos siempre sobre cosas positivas. Un gran ejemplo a seguir en este aspecto es Abraham Lincoln. Prefería escuchar antes que hablar mal de alguien, porque hacerlo realmente no sirve de nada más que para llenarnos de prejuicios y malos pensamientos. Recordemos que los movimientos corporales como una sonrisa, pueden cambiar nuestro estado de ánimo y nuestros pensamientos. No dejemos que las habladurías y el hecho de criticar a los demás nos influya. Y si tenemos a nuestro lado una persona que está hablando mal de otra, busquemos una excusa para cambiar de conversación, o si es necesario de compañero allá donde nos hallemos. Lo negativo atrae lo negativo, y no es lo que nosotros queremos.

10.- Nombres. El nombre propio es la palabra más bella que puede escuchar una persona. Desde que nacemos es la palabra más personalizada que escuchamos en la vida. Procura tener una buena memoria y llamar a las personas por su nombre. De esta manera, notarán que son importantes para ti. Creerán que hablan con alguien que las ve como algo más que un cuerpo, un número o una sombra. Lo conveniente es llamarlas por su nombre cada quince minutos aproximadamente, de esta forma no les resultará demasiado incómodo o pesante y se sentirán atendidas.

11.- <u>Caballerosidad/refinamiento.</u> Esta aptitud no es cosa del siglo pasado, sino más bien al contrario; en momentos de escasez de modales como es el caso del presente siglo, una persona caballerosa vale por mil ante los demás. Sé un caballero en todo momento. Abre la puerta para que pase una dama antes, si se le cae algo a alguien hazle el favor de recogérselo. En la actualidad se habla mucho de igualdad de género, no obstante, el hecho de que hombres y mujeres sean iguales, no quiere decir que un hombre deba dejar sus buenas maneras atrás. Igualmente, las mujeres pueden mostrar también cortesía, y sobretodo mostrar refinamiento. La vulgaridad no gusta a nadie.

12.- <u>Arrogancia</u>. El hecho de ser un caballero no quiere decir que haya que sentirse orgulloso de ello. No nos sentimos orgullosos de tener un par de piernas, pues igualmente debe suceder con la caballerosidad. Debe ser algo unido a nosotros, algo que se debe dar por hecho, nada que tenga que ser agradecido desde afuera. Por otro lado, tampoco hemos de sentirnos mejor que nadie en ningún otro aspecto, ya sea físico, espiritual, mental, monetario, etc. Todas las personas son exactamente igual de importantes, con sus fallos y virtudes. Todas tienen el derecho a ser quienes son, y por tanto todos nos encontramos en el mismo equilibrio de la vida. La arrogancia sólo sirve para traer no celos, sino algo peor, hacer sentir defraudadas a las personas de alrededor.

13.- <u>Aburrimiento.</u> Aunque te encuentres aburrido en el lugar que te encuentres por la razón que sea, nunca lo des a saber a las personas a las que quieres cautivar. Deja que sean ellas las que decidan si es aburrido o no, ya tendrás tiempo de decidir qué es aburrido y qué no estando con tus amigos o en solitario. Las personas somos muy diferentes en gustos, y no nos gustaría privar a nadie de un agradable momento si así lo considera.

14.- <u>Anti-peleas</u>. No hay nada más elegante que el que una persona sepa llegar a un acuerdo con otra sin llegar a discutir o incluso a las manos. Si se da el caso, discúlpate ante la otra persona lo antes posible, tengas o no la razón. Disculparse de cualquiera de las maneras te da tiempo a pensar, a que la otra persona se relaje y a que cualquiera vea en ti algo más que un individuo sin más. Sin duda alguna esto siempre será un gran punto a tu favor.

15- <u>Elige de forma característica.</u> El hecho de pedir siempre la misma bebida como James Bond, te hace especial y diferente. Al igual que pasa con la ropa que llevas, tu forma de andar y de hablar, la bebida es algo que se suele observar cuando hablamos con alguien. No queremos ser "el típico de siempre", sino todo lo contrario, que nos recuerden de una forma especial, por los detalles, y éstos los tenemos que fabricar o conseguir nosotros. Las elecciones se hacen todos los días a todas horas, tan sólo tenemos que fijarnos en aquello que realmente nos personaliza de una forma más profunda. La bebida es sólo un ejemplo para entenderlo mejor. Se trata de buscar aquello que nos diferencia y magnificarlo.

16.- <u>Palabras soeces.</u> Aunque quieras hacerte el liberal, una de las peores cosas que se puede ver es a un hombre o una mujer con la boca llena de insultos o tacos. Alguien elegante jamás debería dejar salir de su boca palabras soeces, pues éstas le dejan a la altura de una persona sin estudios ni gracilidad. Deberían usarse sólo en momentos o circunstancias concretas en las que sean bien vistos, en casos muy particulares.

17.- Perdón y gracias. Son las mejores palabras existentes y las que más puertas abren. Cambian sensaciones, estados de ánimo, generan positividad, y las personas que reciben éstas expresiones se sienten a gusto, bien atendidas y reconocidas. No se trata de agradecer todo lo que hagan los demás, pero sí aquello que lo merezca realmente. Igualmente, el pedir perdón es cosa de personas bien educadas, y como tales, eso haremos.

18.- Positividad. Si algo no le gusta a la otra persona, nada más sencillo que buscar la forma de obtener lo que sí puede hacerle feliz. No nos unamos a las quejas de los demás, pues eso sólo consigue avivar la negatividad del momento. Una persona feliz y positiva siempre estará rodeada de buenos amigos y la gente se sentirá atraída por su manera de ser. Una persona negativa sólo consigue ahuyentar a los demás.

4

PUNTOS CONCISOS
A TENER EN CUENTA

"Si una persona es perseverante, aunque sea dura de entendimiento, se hará inteligente; y aunque sea débil se transformará en fuerte".

Leonardo da Vinci

Si alguna vez te desvías de los puntos mencionados hasta ahora, apúntalos en tu agenda y tenlos siempre a mano, léelos a diario e intenta poner todos ellos por obra el máximo de horas posibles con toda persona que encuentres en tu camino. Los resumiremos de la siguiente manera:

→ Ser uno mismo y sentirse bien por ello.

→ Uso exclusivo de comunicación positiva (intentar usar lo menos posible palabras como: no, nunca, pero, es que, negativo, jamás, ningún, tampoco, ni, nadie, etc.) a lo largo de todo el día.

→ Utilizar la cortesía en su estado puro (dejar pasar a los demás antes que uno mismo a través de una puerta, ofrecer la palabra a los demás antes de hablar, etc.); en resumen, dejar que los demás saquen el beneficio antes que uno mismo. Esta capacidad de empatía hace que los demás se sientan tan bien a nuestro alrededor, que nos ofrecerán mucho más de lo que nosotros les dimos antes.

→ Hacer preguntas abiertas e interesadas para escuchar de principio a fin, prestando la completa atención a ello como si de nuestros relatos se tratara. Cuando queremos mantener una conversación sin que parezca un coloquio de besugos, hacen falta las famosas preguntas abiertas, excluyendo completamente las cerradas. ¿Cómo diferenciar entre ambas? Las cerradas son aquellas que sólo dan la posibilidad de respuesta con una contestación breve de una o pocas palabras, mientras que las abiertas son aquellas que buscan una explicación. Las preguntas abiertas contienen los interrogantes: qué, cuál, cuándo, cómo, dónde y quién, por qué, qué te parece, qué opinas de, etc. A parte de esto, debemos mostrar que las ideas de esa persona tienen sentido para nosotros (aunque en un principio no lo veamos así).

→ Intentar entender el por qué de las cosas que nos cuentan e intentar ponerse en la piel de la otra persona para poder comprender mejor algunas cosas, y así, sacar conclusiones siempre positivas, dejando las negativas de lado si no nos sirven para aprender.

→ Sacar conclusiones personales sobre las necesidades que pueda tener la otra persona, así como la búsqueda de placer de la misma (qué necesita en su vida, qué le gustaría tener para ser más feliz aún o llegar a la felicidad, etc.). Se trata de procurar aprender una cosa nueva personal de cada individuo que llegue a nosotros o con la cual poder intercambiar alguna palabra.

→ Intentar recordar el nombre de todas las personas con las que intercambiemos ideas y llamarlas por el mismo siempre que volvamos a verlas.

→ Ser profesional en todo momento, bien hablado, educado y a la vez ser accesible para los demás. Estar presente cuando se es necesitado.

→ Forma de hablar correcta sin obscenidades, con buena, clara y entendible pronunciación; voz amable, tierna, cálida y sin alteraciones de tono ni muestras de enfado o discordia.

→ Buena apariencia, pulcritud, buen vestir siempre acorde al lugar o evento.

→ Sonrisa y ademanes. Los gestos se deben usar siempre a favor de la simpatía y el correcto bienestar. Deben evitarse los aspavientos; lo mejor es moverse de forma suave y regulada.

Aparte de estas premisas, el acto más importante ante cualquier persona es nutrir sus sentimientos positivos. Cuanto mejor hablemos de alguien, dicha persona se sentirá más atraída por nosotros, tanto como un puro imán sin poder volver atrás. Por supuesto, este acto se tiene que hacer con naturalidad y no mostrándolo sólo hacia dicha persona, sino hablando bien de ella a los demás. Los actos que mejor sientan a una persona son aquellos en los que se ve involucrada de forma positiva.

Por otro lado, hay una serie de cosas que ni de lejos deberíamos hacer. Estas son las siguientes:

1) Hablar mal de alguien a los demás aun si esa persona se lo merece. Este es uno de los puntos más difíciles, pues es algo que hacemos desde que somos niños, mas es importante trabajarlo día a día.

2) Hablar de las posesiones que tiene uno. La importancia no radica en lo que unos tienen y otros no, sino en lo que se tiene a la vez en ambos bandos. Se trata de utilizar las palabras para hablar de algo en común que una a las dos personas en sus respectivas vidas. No tiene sentido conversar sobre algo que la otra persona no puede llegar a entender al no poseerlo. Por otro lado, puede herir el orgullo del otro, al sentirse éste inferior por no haberlo logrado también.

Igualmente sucede con las personas de renombre o conocidas. No se debe alardear de las personas conocidas con las que uno tiene trato, a menos que dicho individuo pueda ayudar de alguna forma a la persona con la que hablamos.

3) Mantener un monólogo. Aparte de escuchar al máximo, tenemos que tener en cuenta que si nos toca hablar, hemos de hacerlo de forma sencilla y amena. Hay que dejar de lado relatos largos.

4) Alardear de aptitudes propias. Las aptitudes ya brillan por sí mismas, por lo que cuando se alardea de ellas, se vuelven grises.

5) Usar sarcasmo o hacer chistes de los demás. Como ya se ha comentado antes, es importante hablar exclusivamente bien de los demás, así pues sería de sabios no meter la pata haciendo chistes absurdos con los que se puede dañar. El sarcasmo es visto como una actitud de personas con malicia, por lo que hay que intentar dejarlo completamente de lado.

6) Comprometer a los demás. Cada persona tiene libre albedrío para comprometerse o no al acto que sea; así pues, intentemos

no dirigir los actos de los demás; daríamos de esta forma la sensación de intentar invadir sus vidas.

7) Humillación. Sea la persona que sea, venga de donde venga o cualquier dato extra, jamás nadie debe ser humillado ante los demás. Crea vulnerabilidad y un alejamiento enorme entre la persona y el humillador. Las demás personas también se alejarán, pues entenderán que en un futuro pueden recibir el mismo trato.

8) Imposición. La belleza de la vida radica en las diferencias de todo lo que nos rodea; así pues, si imponemos nuestra posición o creencias es como si taláramos una selva entera en medio del planeta. La libertad es bella en sí misma, no la taladremos intentando imponer lo nuestro a los demás.

9) Búsqueda de defectos. No busquemos defectos a menos que nos puedan servir bajo el silencio para nuestro bien.

5

EL PROCESO DE CAUTIVAR

"Una de las principales enfermedades del hombre es su inquieta
curiosidad por conocer lo que no puede llegar a saber".

Blaise Pascal

Todo tiene un comienzo y un fin. El arte de cautivar no es diferente, funciona exactamente igual que todo lo demás. Consta de cuatro pasos:

1.- **Preparación**: esta etapa comprende el descubrir cómo gustar a alguien y cómo ganarse su confianza para poder lanzar la petición y no ser rechazados. Siempre debemos dar todo lo que tenemos, como si lo donáramos a la persona más importante de nuestra vida, aunqu ésta no lo sea realmente. Siempre podemos dejar de hacerlo en el momento en que deje de interesarnos, pero, sí debe quedar claro que si no lo damos todo desde un principio, nada será igual. Por lo tanto, responde a las siguientes preguntas:

→ ¿Qué tienes para ofrecer a los demás?

→ ¿Cómo puedes darlo a entender sin mostrarte orgulloso por ello?

→ ¿Cómo puedes mostrar una elegancia completa ante la persona sin caer en la ridiculez?

→ ¿Qué crees que necesita saber de ti para que se sienta más confiada y feliz a la vez?

→ Con referencia a la anterior pregunta, ¿qué puedes hacer al respecto?

Éstas son las preguntas que has de hacerte en el preciso momento en el que veas a la persona a la que quieres cautivar, sea cual sea el fin que buscas. Analiza la situación y observa con detalle.

Hay una serie de cuestiones que también has de plantearte, de manera general, para tener claro cómo quieres mostrarte a los demás cuando salgas. Son las siguientes:

→ ¿Qué marca de ropa quieres llevar?

→ ¿Qué rastro de perfume deseas dejar a tu paso?

→ ¿Qué tipo de libros te gusta leer?

→ ¿Cuáles son los lugares a los que te gustaría viajar?

→ ¿Sobre qué temas te gusta especialmente hablar?

→ ¿Cuáles son tus hobbys?

→ ¿A qué te gusta dedicar tu tiempo?

Un buen consejo con respecto a las cosas materiales que te gustaría usar (en el caso de no tener a tu disposición el dinero preciso), sería vigilar tus gastos y guardar una parte sustancial para poder irte comprando poco a poco las prendas de vestir que quieres llevar, el perfume que deseas usar (siendo siempre aconsejable la sencillez elegante, dejando de lado las extravagancias; y con referencia al perfume, preferiblemente ligero y fresco), etc. No importa que tengas sólo una camisa y un pantalón, se trata de que lo que tengas, te guste de verdad, y puedas sacarle el máximo partido. Vale más tener pocas cosas y buenas, que muchas que no lleguen al nivel en el que deseas sentirte.

2.- **Hacer un pre-mortem**. Posiblemente sea la primera vez que escuchas algo así. Este tecnicismo se usa en el ámbito empresarial. Cuando muere una empresa, se hace un estudio llamado "post-mortem" para ver cuáles han sido las causas. Ahora está comenzando a usarse el estudio "pre-mortem" para poder anticipars a una posible caída del negocio. Sólo hay que plantearse las preguntas correctas para poder anticiparnos ante lo que puede suceder, y nosotros también lo usaremos con la mejor empresa, que somos nosotros mismos, ante cualquier ámbito en la vida:

→ ¿Qué cosas podría llevar a todo el proceso de cautivar al traste?

→ ¿Qué palabras pueden llevar a una persona a no querer saber nada de ti?

→ ¿Qué gestos pueden ocasionar un efecto contrario al que deseas?

→ ¿Qué prendas o perfumes pueden hacer que la persona decida no darte una oportunidad?

→ ¿Qué pasos podrías dar, que te llevaran al fracaso en el proceso de cautivar?

→ ¿En qué lugares tienes más posibilidad de poder conversar y entender los gustos de dicha persona en particular?

→ ¿Qué sitios deberías evitar por falta de posibilidades para atraer la atención de alguien y llegar a saber con detalle cosas que te interesan de dicha persona?

→ ¿Cuáles son las cosas que le vas a decir a la persona para cautivarla?

→ ¿Cuáles son las cosas que debes evitar decir o hacer para no ahuyentarla?

→ En el caso de fallar, enumera al menos diez cosas que crees que podrían haber llevado al fracaso, siendo exclusivamente culpa tuya.

Por supuesto, lo mejor para que todo vaya sobre ruedas es informarse bien sobre la persona a la que queremos cautivar. Lo que debemos saber es lo siguiente:

a) Cuáles son sus hobbys.

b) Qué personas son realmente importantes para ella.

c) Qué cosas le hacen ser verdaderamente feliz.

d) Si tiene alguna preocupación en especial.

e) Estado de salud de ella y sus más allegados.

f) Sus necesidades.

g) Sus fallos y virtudes.

h) Qué cualidades le gusta ver en los demás.

Obviamente, éstas no son cosas fáciles de saber sobre los demás, por lo que, si no podemos acceder a dicha información lo más aconsejable es enterarse sólo de una de ellas, la primera. De esta manera, podremos invitar a la persona a compartir dicho hobby, pues es la forma de llegar antes y más profundamente a alguien. Cuando las personas están dedicando tiempo a un hobby, se tranquilizan, y sin quererlo comienzan a sentirse bien y en confianza con aquellos que se encuentran a su lado. Es uno de los momentos en los que la gente está más abierta y más débil a la vez, pues son ellos mismos al cien por cien, sin fachadas ni armaduras. Sólo hay que tener tacto. Cuanto más tiempo pasemos compartiendo el hobby de otra persona, más se acercará por sí sola a nosotros, y más confianza depositará en nosotros.

3.- **Lanzamiento**. No es lo mismo solicitar las cosas de una manera que de otra, y por tanto esta fase es crucial, pues es el momento en el que se obtendrá el sí o el no. Hay que tener todo bien preparado, y los pasos claros.

Brevedad: nadie hoy en día quiere perder su tiempo; obviamente, la persona a la que deseas cautivar tampoco. Intenta ser conciso y directo. Si usas las palabras erróneas puedes asustar, pero si das con las correctas ganarás el doble.

Sencillez: lo mejor es ser sencillo al intentar entablar una conversación con cualquiera y evitar decir cosas que ya estén escuchadas hasta la saciedad. Lo mejor es decir algo que sorprenda, y a poder ser, que tenga que ver con algo que a la otra persona le resulte extremadamente interesante.

Simpatía: ésta es una cualidad que se contagia, y nosotros queremos ver a la persona a la que queremos cautivar con una sonrisa, y no con una mirada desafiante que nos envíe de vuelta al lugar de donde hemos venido. Tal es así, que intentaremos tener la sonrisa con nosotros en el momento en el que nos vayamos a comunicar con ella, o en su defecto, asegurarnos de que nos haya visto reírnos en compañía.

Educación: dentro de la cordialidad no existe nada mejor que alguien con compostura y buena educación. Esto se demuestra con actos cordiales, buenas palabras, saber estar, etc. Los actos como abrirle la puerta a una persona mayor o por cortesía ante una mujer, recoger algo del suelo cuando se le haya caído, y todas las demás atenciones, deben intentar ser realizadas todos los días. Hay que auto-educarse con referencia a este tema, conseguir que no pase un sólo día sin haber tenido presente esta forma de actuar, e incluso de vivir. ¿Por qué decimos todo esto? Porque es fundamental que esta forma de actuar surja por sí sola, sin buscar ningún fin. En el mismo momento en el que la gente percibe que algo se hace para conseguir un objetivo, se pone a la defensiva; así pues, es una tarea imprescindible hacer todo esto sin buscar nada, simplemente por mostrar educación.

Diferenciación: las personas están aburridas de escuchar siempre lo mismo. Imagina lo que tiene que ser escuchar las mismas frases varias veces durante un sólo día o que hablen de lo mismo continuamente. Realmente ha de ser algo agonioso y agotador. Llevemos frescura con nosotros, mostremos que no ofrecemos aburrimiento, sino conversaciones novedosas, dejando la ambigüedad para el siglo pasado.

<u>Profundidad y misterio</u>: las personas que ocultan algo generan curiosidad en los demás. La curiosidad es una de las motivaciones que más movilizan a las personas. Una mirada puede reflejar una personalidad especial. Cuando una persona habla lo justo sin dar detalles personales, consigue generar expectación. Así pues, la mirada y la cantidad escueta de detalles privados que demos en la conversación harán que los demás quieran saber más de nosotros o que no tengan dicha necesidad.

<u>Seguir la corriente</u>: a veces lo mejor es dejarse llevar. Si la persona a la que estás intentando cautivar te da a entender que no le interesas, simplemente deja un espacio entre ambos, y ponte a disfrutar de lo que te rodea sin hacer caso a ésta. Muéstrate feliz, porque tu felicidad no depende de los demás, sino de ti mismo. Rodéate de gente que sí te aprecia y diviértete con ésta. Curiosamente cuando alguien rechaza a otra persona, si la ve a continuación rodeada de gente mostrando simpatía y bienestar, se sentirá mal por haber perdido de su vera a alguien positivo. Quién sabe cuándo puede

volver a nosotros por su propio pie. Lo que es seguro es, que la presión en estos casos puede ocasionar todo lo contrario a lo que deseamos. Por lo tanto, dejar espacio es lo mejor. Recordemos cuando hablábamos al principio del libro sobre el "efecto de mera exposición". Si se trata de un estímulo que es rechazado, cuanta más cercanía peor. Así pues, seremos inteligentes y nos distanciaremos con cortesía y comprensión, siempre con buenas palabras y agradecimiento por el tiempo prestado.

Sus deseos: pregúntale qué es lo más importante en su vida a nivel de hobbys o sueños. Consigue este dato de la forma que sea. Y si no quiere dártelo, hay una forma muy sencilla de conseguirlo, le propondrás el ir diciendo todos los sueños que te vengan a la mente hasta conseguir saber cuál es el suyo. Pueden pasar dos cosas, que desista y te lo cuente al final, o que te diga directamente que te vayas. Lo que suele pasar en más de un noventa por ciento de los casos suele ser lo primero. En el caso de suceder lo segundo, no te sientas mal. Todos tenemos malos días, y algunas personas ni siquiera saben comportarse con modales; así pues, no pierdas tu tiempo en personas que no están en el momento justo disponibles para recibir a los demás. Ya sólo queda desearle una buena noche y terminar con un "nos vemos". Dejemos los "jefe" o los "mister" de lado, pues eso genera en la otra persona un sentimiento de superioridad que bajo ninguna circunstancia queremos. Se trata de decidir cuándo ha llegado el punto final de la reunión, pues de esta manera, no llegará a sentir pesadez por tu compañía. No le des oportunidades, muéstrale que depende exclusivamente de ti el hecho de que te vuelva a ver. A poder ser, espera a que la otra persona te pida el contacto. No pidas el suyo. Si realmente quiere dártelo, te lo dará. Si no lo consigues, procura estar presente en el próximo acto o lugar en el que se presente. Indaga un poco en las redes sociales, la gente suele anunciar las cosas que hace, al menos las que atañen concretamente a los negocios. Sino, siempre se puede hablar con alguien cercano para acceder a dicha información.

4.- **Resistencia**. Bien es sabido, que aunque sea posible llamar la atención de forma fácil, lo verdaderamente difícil es mantenerla. Para ello son necesarias las siguientes cosas:

Eliminar obstáculos: ¿cuántas veces sucede que estamos hablando con alguien y llega su amigo o conocido, dejándonos de lado? Bien, en este caso, hemos de hacer las cosas rápidas para no perder del todo a la persona que nos atañe. Una vez que su atención se haya desviado será muy difícil recuperarla; por lo tanto, los pasos siguientes se harán lo más rápido posible, pidiendo sólo medio minuto para ello. Así quedará todo en sus manos, y en el caso de qu quiera volver a conversar o estar con nosotros, será ella misma la que venga solicitarlo. Es importante tener en cuenta que si somos nosotros los que volvemos, comenzará a vernos como unos pesados y su atención se tornará completamente opuesta, llegando incluso a echarnos directamente de su lado. Usemos esos segundos de rápida atención para soltar una frase que le cause impresión. Por ejemplo, podemos decir que nos gustará poder compartir algo de tiempo en e hobby que tienen en común (aunque no sepamos aún cuál es su hobby favorito y no tengamos ni idea de si nos gustará, no tardará mucho tiempo en hablar de ello, por lo que tan solo hay que prestar atención a todo lo que diga y quedarnos con ello). Si esto no le llama la curiosidad y sigue sin prestarnos atención, pasaremos a poner por obra el siguiente paso.

<u>Volver a llamar la atención</u>: esto se consigue diciendo su nombre er voz alta, hablar sobre aquello que le resulta más interesante o importante. Utilizando una palabra u otra, nada más se vuelva para prestarnos atención, le diremos que tenemos una sorpresa. Cuando pregunte, le diremos que como sorpresa que es, no podemos desvelar nada más; entonces, le pediremos el número para irle informando. Si pasan los días y aún no hemos sabido nada de dicha

persona, sabiendo ya el hobby que tiene, tan solo tendremos que buscar un hueco que sepamos que le viene bien, para llamar y decir que tenemos reservado un tiempo para hacer tal cosa (asegúrate bien antes de haber dado los pasos pertinentes, por ejemplo, haber hecho la reserva del lugar al que se le quiere llevar).

Anima a probarlo: deja bien claro que no tiene nada que perder, pero sí tiene algo que ganar, pasar un buen rato libre de estrés y preocupaciones, ¿quién va a decir que no a esto?

Generar deseo continuo: como ya hemos comentado en varias ocasiones, la curiosidad es una actitud tan potente que incluso aun cuando la razón dice que no, hay un sentimiento que sigue tirando. Eso es lo que nosotros tenemos que conseguir en la persona a cautivar. Si se habla demasiado, se cae en el fallo de no poner por obra este punto. Es mejor dejar hablar a los demás y decir lo justo en el momento apropiado. Ya tendremos tiempo de hablar sin parar cuando estemos con los amigos o la familia. También vienen bien los momentos de seriedad cuando se escucha atentamente. No perder la mirada de la otra persona es crucial. En la profundidad de los ojos hay expresiones que no se hallan en las palabras.

<u>Dejar buen sabor de boca</u>: en todo momento, nos traten bien o mal, mantendremos la compostura y las buenas palabras. Una persona que nos rechaza, puede llegar a sentirse mal si nosotros respondemos de buena manera; tal es así, que puede llegar a buscarnos más adelante sólo por esta razón. Así que, dejemos siempre ese buen sabor de boca hablando con dulzura, dejando claro que nosotros no tenemos nada contra el mundo, y que somos felices porque sabemos que ocurra lo que ocurra, siempre nos irá bien; y si la otra persona nos contesta mal, es porque hay otra aún mejor que nos está esperando en otro lugar para el mismo propósito, y ésta sólo nos está facilitando el camino a ella.

<u>Continuará</u>: las personas no pueden dejar de pensar en alguien cuando éste ha dejado algo en ascuas. Quizá un plan para el futuro, quizá un interrogante. Para poder conseguir esto, es necesario saber los intereses del otro. ¿Qué le gusta realmente?, ¿qué le hace o podría hacerle feliz?, ¿cuáles son sus sueños? Las respuestas a estas preguntas nos servirán para trazar el plan. El dicho: "La curiosidad mató al gato" bien podríamos entenderlo de la siguiente manera: "Una persona es atrapada y dirigida hacia adonde uno quiere debido a su propia curiosidad".

5.- **Alargamiento**. Si la persona nos interesa de verdad, podemos intentar acercarnos cada día un poco más, siempre estando al tanto de no asfixiar, consiguiendo que sea la otra persona la que nos busca. Para saber si ésta se encuentra completamente a gusto, lo podemos ver en la sensación de tiempo que tenga. Si las horas le parecen minutos, entonces sabremos que se encuentra a gusto con nosotros. Los gestos también son muy esclarecedores, hombros relajados, cuerpo suelto, amplias sonrisas, ojos brillantes, etc. En caso contrario; si resopla, si mira el reloj continuamente, habrá llegado la hora de irse, dejando otro plan en su mente.

6

EL ARTE DE INFLUIR

"Una gota de miel caza más moscas que un galón de hiel".

Abraham Lincoln

Para poder influir de forma correcta y sencilla en los demás, hemos de tener bien claro el consejo de Abraham Lincoln. Hay una serie de premisas muy claras que hay que seguir para conseguir que los demás no sólo nos presten atención, sino que incluso hagan nuestra voluntad. Obviamente, sólo debemos usar esto cuando el beneficio sea para ambas partes, y no se haga daño a ningún tercero (incluyendo la propia naturaleza, tanto la flora como la fauna). Si usamos los conocimientos con buenas intenciones, siempre nos irá bien.

1.- Ante las personas a las cuales queremos influir debemos aparentar inocencia. Si nos ven como personas en las cuáles poder confiar y con las que sentirse a gusto es fácil, la confianza será magnífica y éste es un punto prioritario.

2.- Mostremos que el tiempo que pasamos junto a esa persona somos felices y que no lo cambiaríamos por nada.

3.- Procuremos tener un tiempo a la semana en el cuál pasar un buen tiempo junto a él/ella. Esto hace que la unión se vaya fortificando. Si este tiempo es usado para algún hobby o cualquier cosa que haga feliz a aquella persona a la que queremos influir, mejor.

4.- El intercambio de intereses o conocimientos es también muy interesante. Sin embargo, hay que tener muy presente que nunca debería notarse que sabemos más que la otra persona, a menos que a ésta le interese que así sea.

5.- Chantajes siempre a parte. Que no quede ni un atisbo de

intención de presionar.

6.- Si hemos hecho algo bueno por esa persona, no se lo recordemos. No nos conviene fardar de bondad o de hacer buenos actos a los demás. Eso es algo que deben pensar las personas por sí mismas, no porque nosotros lo rememoremos.

7.- Si hay una cita en común y no puede acudir a la nuestra, el respeto es primordial. Hay que entender también que las personas necesitan su espacio o que pueden acontecer imprevistos. Lo único que podemos hacer ante esto es ofrecer nuestra ayuda y respetar tanto si la acepta como si no.

8.- Para poder influir de verdad, hace falta unir dos cosas contrapuestas que son la independencia o autosuficiencia y la indefensión. Hay que hacer notar que necesitamos a esa persona para poder hacer ciertas cosas o tomar ciertas decisiones, pero sin caer en la dependencia.

9.- No hemos de olvidarnos de nuestra propia imagen. Ya vimos que es importante nuestra fachada pues es lo primero que entra por los ojos. Aunque lo más importante sea lo que hay dentro, ésto se ve con el tiempo, y lo que crea la opción de seguir en contacto es la primera impresión. Esta embarca nuestra forma de vestir, andar, hablar, etc.

10.- Aumentar el ego de otra persona es lo que sin duda nos puede acercar más a ella. Los mejores halagos que se pueden hacer sin caer en la hipocresía o hacer la pelota, son aquellas que expresan admiración con respecto a la inteligencia o alguna actitud/aptitud en especial en alguna actividad. Por supuesto, hay que tener cuidado de no caer en las exageraciones.

11.- La improvisación es algo que gusta tanto a mujeres como a hombres. Se puede hacer una reserva en algún sitio donde se haga algo que tenga que ver con las aficiones de la persona en cuestión, asegurándonos de que podrá acudir, pero sin mencionar de qué se trata. Como ya dijimos, aquí se unen tres grandes cosas: la primera es la curiosidad, la segunda que se sentirá complacido al ver que alguien se acuerda de su personalidad en cuanto a lo que sus gustos se refiere, y por último, el hecho de que alguien modifique sus propios horarios con tal de pasar ese tiempo con dicha persona. Las sorpresas son algo que nunca se olvidan, y puede ser un punto muy a nuestro favor al sacar de su propia rutina a nuestro invitado. No obstante, bien es sabido que las cosas repetitivas cansan, por lo que las sorpresas deben ser eso mismo, algo muy contado, para unas pocas ocasiones.

12.- Cuando alguien quiere algo, debe dejarlo bien mascado para que a la otra persona no le queden dudas. El ser humano es el mejor artista para los malos entendimientos y las malas comprensiones. Es importante que nos aseguremos de que la otra persona sabe captar nuestros mensajes y entenderlos. No hemos de asumir por defecto que nos pueden leer la mente. Es mejor pecar de claridad que de andar con medias respuestas o medias informaciones. Lo conciso gusta y siempre tiene más posibilidad de ser bien respondido.

13.- El agradecimiento es algo de lo que jamás deberíamos carecer para con nadie, y en especial para con la persona que en ese momento nos interesa. Si agradecemos todo lo que esta persona hace por nosotros o el esfuerzo que ponga aunque no consiga del todo lo que desea, ésto ayudará a que se sienta comprendido y querido (las formas de querer son muchas, y aquí se incluye la de una persona hacia otra sin que casi se conozcan, pero al menos tengan pretensión de hacer algún negocio en común o tengan los mismos propósitos).

14.- El perdón. Si hemos hecho o dicho algo que le haya molestado (aunque tuviéramos razón), lo aconsejable es pedir perdón sin pensarlo siquiera. Cuanto menos tiempo pase entre ambos actos mejor. Si ya ha pasado tiempo, no dejemos que pase más. "Más vale tarde que nunca", tal y como dice el dicho.

15.- Expresar confianza. Si dijo que hará algo, daremos por seguro que lo hará. En el caso de que haya pasado más del tiempo estimable, podemos recordárselo como si se tratara de nuevo de la primera vez que lo solicitamos, siempre sin presionar y dejando la opción bajo su poder de elección.

16.- Los malos recuerdos que queden atrás. Si hubo algo que hizo mal o algo que directamente no hizo cuando debía, dejémoslo en el pasado pues ese es su lugar.

17.- La solicitud que queremos hacerle, debemos comunicársela cuando esté completamente feliz y no tenga otras cosas importantes en mente. Es la única forma de que lo que pedimos lo pueda ver como algo positivo y se sienta con ganas de efectuarlo o ayudar a la causa.

18.- Ser conciso es una de las mejores virtudes que se pueden tener. El dar mil vueltas a algo sólo termina por cansar a la otra persona y hacer que se exaspere. Es necesario hablar de forma concisa y precisa.

19.- Debemos aprender a olvidar hacer justificaciones. Si necesitamos algo simplemente tenemos que pedirlo y nada más. El por qué sólo debemos darlo cuando nos lo soliciten.

Bien, se han expuesto en este libro los puntos a seguir para ser una persona atrayente y poder cautivar a las personas. Aunque haya muchos puntos a la vista, te irás dando cuenta de que todos van unidos entre sí. Esto quiere decir que a medida que vayas trabajando unos, otros saldrán por sí solos. No es difícil ponerlos en práctica, más bien al contrario, pues a medida que se van poniendo por obra, los resultados son tan increíblemente beneficiosos que la mente y el cuerpo te exige seguir actuando igual. Ponte la meta de comenzar hoy mismo, elige al menos cinco puntos a trabajar cada día sin excepción y los cambios positivos llegarán a tu vida de una forma tan repentina como inesperada.

En los demás libros de la colección hablaremos sobre la importancia que tiene no perder el tiempo, pues es una de las cosas más valiosas de las que disponemos. También ahondaremos en la importancia de la autoestima. No dejaremos de lado una temática tan importante como lo es el saber quién somos, cuáles son nuestros talentos y cómo aprovecharlos. También tendremos en cuenta el no menos significativo tema del dinero, cómo no perderlo y los pasos para hacer que aumente sin casi darnos cuenta.

Recordemos que vida sólo hay una, y que de sabios es usar el conocimiento para nuestro beneficio y el de los demás. La felicidad completa está en nuestras manos, sólo tenemos que leer el mapa que nos llevará ante ella y al fin permanecer allí.

NOTAS

NOTAS

Cómo atraer, seducir, cautivar e influir en los demás

NOTAS

www.ingramcontent.com/pod-product-compliance
Lightning Source LLC
Chambersburg PA
CBHW070841180526
45168CB00002B/918